Minimalismus leben als zufriedeneR UnternehmerIn & InvestorIn

Zufriedenheit durch loslassen, minimalistische Unternehmensführung und exponentielles Investieren

Sascha Të Light

Freiheit. JETZT!

Copyright © 2021 Sascha Të
Light, Freiheit. JETZT!

Nino Anders
Papyrus Autoren-Club
R.O.M. Logicware GmbH
Pettenkoferstr. 16-18
10247 Berlin

All rights reserved.

Das Cover wurde mithilfe des Images von pikepicture von https://de.pngtree.com/so/kompass-clipart erstellt.

ISBN-13: 9798508645571

Dieses Buch ist Ihrer Freiheit, Ihrem höchsten Wohlbefinden und Ihrem allumfänglich zufriedenen Leben gewidmet.

Kapitelübersicht

Vorwort......................................8

Kapitel 1: Was ist Minimalismus?.............10

Kapitel 2: Prinzipien des Minimalismus 16

Kapitel 3: Der Zustand des 'Zufrieden-Seins'......................20

Kapitel 4: Minimalistischer Finanzhaushalt für finanzielle Freiheit ..28

Kapitel 5: Sozialer Minimalismus.............40

Kapitel 6: Minimalistisches Unternehmertum 42

Kapitel 7: Minimalistisches Investieren für exponentiellen Wachstum 53

Abschließende Gedanken............................64

Vorwort

Dieses Buch ist ein Kompass. Es zeigt Ihnen auf, welche Schritte Sie gehen können, um garantiert mehr Freiheit in Ihrem Leben zu fühlen. Zufriedenheit ist ein Segen, welche sich mit jeder gelesenen Seite dieses Buches weiter ausbreitet und für immer bleibt.

Bleiben Sie offen, interessiert, experimentierfreudig und erlauben Sie der Magie der Einfachheit ihren Zauber zu entfalten.

Sascha Të Light

Kapitel 1: Was ist Minimalismus?

Wir leben in einer Zeit, in der die meisten Menschen glauben, dass Glück nur in der Anhäufung von Reichtum und materiellen Dingen zu finden ist. Sie glauben, dass man Respekt, Anerkennung und Glück nur gewinnen kann, wenn man viel Geld, Eigentum und alles, was das Leben zu bieten hat, anhäuft.

In der Regel ist dem nicht so.

Materielle Dinge, die für Ihr Leben nicht essenziell nützlich sind, bringen weder Glück noch Freude, eher das Gegenteil. Der angehäufte Reichtum ist zum Großteil unnötig und ist kein Garant des Glücks. Tatsächlich kann ein solcher

Reichtum auch Quelle von Unzufriedenheit sein. Deswegen entschließen sich immer mehr Menschen minimalistisch zu leben. Minimalismus ist eine Art Lebensstil, in dem man sich von all den unnötigen materiellen Dingen im Leben befreit, um Raum für die Dinge zu schaffen, die dem Leben Freude bereiten. Für viele beseitigt dieser Schritt ein gewisses Durcheinander in ihrem Leben und fördert Leichtigkeit, Frieden, Freiheit und Freude. Ein Minimalist entsagt sich der Idee, mehr zu haben, noch mehr zu erwerben und immer mehr zu konsumieren. Stattdessen umarmt er/sie die Vorstellung, dass es das Wichtigste ist, frei zu sein und sich frei zu fühlen. Ein Minimalist glaubt, dass man wahrlich glücklich ist, wenn man mit dem zufrieden ist, was man hat.

Hierin ist der Minimalismus dem Buddhismus sehr ähnlich. Glück kommt von Innen und der Lebenseinstellung, dass man glücklich, dankbar und zufrieden mit dem ist, was man hat.

" Der Sinn des Lebens ist, glücklich zu sein. Das ist es, was alle Menschen der Welt gemeinsam haben – den inneren Hang ein glückliches Leben zu führen. Viele glauben, dass das Glück außerhalb von uns in materialistischen Sachen gefunden werden kann, wobei es im Grunde von Innen heraus fließt, von der Wohlgesonnenheit und dem

Mitgefühl für unsere Mitmenschen."

Dalai Lama

Interessanterweise ist das genau die Geisteshaltung, wie Dinge wachsen. Das, wofür wir dankbar sind, wächst.

Dabei fokussiert sich ein Minimalist auf die wenigsten, essenziellsten Notwendigkeiten und Quellen höchster individueller Glückseligkeit und reduziert alles andere, dass nicht zu dem gehört.

Kapitel 2: Prinzipien des Minimalismus

Ein Minimalist präferiert immer Qualität über Quantität.

Das ist, wofür Minimalismus steht:
- Viel Freiheit
- Viel Zeit
- Wenige Verpflichtungen
- Keine Sorgen
- Viel Freude
- Wenige Ausgaben
- Einfachheit
- Perfekte Gesundheit
- Fokus auf die wirklich wesentlichen Dinge im Leben

Folgende Prinzipien können als Leitfaden verwendet werden:

1. **Unnötiges loslassen.** Minimalismus hilft Ihnen, unnötige Dinge zu vermeiden, die kein Glück und keine Freude in Ihr Leben bringen. Es bedeutet nicht, dass sie alles aus Ihrem Leben weglassen müssen, sondern nur die Dinge, die keinen Nutzen bringen.
2. **Identifizieren wichtiger Dinge.** Es hilft Ihnen, die Dinge zu identifizieren, die für Ihr allgemeines Wohlbefinden wesentlich sind. Das sind Dinge, die Ihr Leben glücklich und besonders lebeswert machen. Ein Minimalist wird sich nur auf die Dinge konzentrieren,

die den größten Einfluss in seinem Leben und ihrer Karriere haben.

3. **Bewusst handeln.** Diese Art von Lebensstil stellt sicher, dass Sie wertschätzen, was Sie tun oder was Sie in Ihrem Leben halten möchten. Jede Handlung geschieht bewusst und im Einklang mit dem, was wichtig für Sie ist. Auch die Entscheidung, unwichtige Dinge loszulassen.

4. **Füllen Sie Ihr Leben mit Glück und Freude.** Minimalismus sorgt dafür, dass Ihr Leben erfüllt ist, eines in dem Sie jeden Moment wertschätzen. Dabei sind Sie sich bewusst, dass Ihr Leben und Ihre Handlungen der Welt einen Mehrwert bieten. Das ist das Schöne,

dass wir uns dann im "Flow", enthusiastisch (Im Einklang mit Gott) fühlen, wenn wir unserer Freude folgen und unsere individuellen Gaben zur Wohlfahrt aller verwirklichen.

5. **Überprüfen Sie Ihr Leben.** Minimalismus ist ein ständiger Prozess, der sicherstellt, dass Sie Ihr Leben immer wieder überprüfen. Es ist kein Endpunkt an sich, sondern ein kontinuierlicher Optimierungsprozess, um Ihr Leben auf das Wesentliche ausgerichtet zu führen.

Kapitel 3: Der Zustand des 'Zufrieden-Seins'

Der minimalistische Lebensstil basiert auf dem Konzept der Zufriedenheit. In jeder Situation ist es wichtig anzuerkennen, dass Sie bereits jetzt mehr als genug haben. Das ist der Ausgangspunkt, um ein echter Minimalist zu sein. Es geht nicht nur darum, Ihre Sachen zu entwirren. Sie müssen mit dem zufrieden sein, was Sie haben, denn mangelnde Zufriedenheit ist oftmals die Ursache der Anhäufung materieller Dinge. Konsum resultiert aus der Idee, nicht genug zu sein, nicht genug zu haben. Mit mehr und mehreren Dingen wird versucht, dass sich endlich

Zufriedenheit einstellt, was allerdings meist nicht geschieht. Denn materielle Dinge geben einem dieses Gefühl, diese Lebenseinstellung nicht. Diese Lebenseinstellung, dieses Gefühl ist etwas, wofür wir uns aktiv entscheiden und in dem Bewusstsein leben, genug zu sein, genug zu haben, zufrieden zu sein.

Hier sind einige Ideen, die Sie unterstützen, Ihren Zustand der Zufriedenheit zu verbessern.

1. Sie sollten zu der Erkenntnis kommen, dass Sie bereits alles haben, was Sie brauchen. Sie sollten wissen, was Sie brauchen. Man braucht nur die grundlegenden Dinge im Leben, um bequem und angenehm zu leben. Das sind

Dinge wie Grundbekleidung, Unterkunft, Nahrung, Wasser und Einkommen aus einer Aktivität, die Ihnen Spass und Freude bereitet. Alles andere ist nicht so wichtig. Es ist nicht notwendig, die neueste Technologie, modische Kleidung, ein großes Haus oder ein schickes Auto zu haben. All dies sind keine Grundbedürfnisse, sondern Wunschvorstellungen, auf die sie verzichten können und ohne die Sie mindestens genauso glücklich leben können.

2. Vermeiden Sie den Kauf von Dingen, die nicht notwendig sind. Dies ist vielleicht eine der größten Herausforderungen in der heutigen Zeit. Es wird jedoch

einfach, wenn Sie sich dessen bewusst sind, dass das Mehr meistens nicht ein mehr an Glück, Freude und Freiheit bringt. Weiterhin können Sie den Kauf von Nicht-Notwendigkeiten vermeiden, indem Sie Verzögerungstaktiken verwenden. Wenn Sie den Drang haben, etwas zu kaufen, warten Sie mit dem Kauf für einen bestimmten Zeitraum, für circa ein bis zwei Wochen. In den meisten Fällen schwindet der Drang danach und wieder können Sie mehr von Ihrem Geld nur für die wirklich wesentlichen Dinge verwenden. Falls der Drang nach Ablauf Ihrer Frist weiterhin besteht und sie weiterhin der festen Überzeugung sind, dass diese

Investition ihr Leben wesentlich bereichert, dann nur zu. Gönnen Sie es sich.

3. Kultivieren Sie Freude für jede Situation, in der Sie zunächst den Drang hatten, etwas zu kaufen, und schließlich entschieden haben, es doch nicht zu tun. Dies ist eine Geisteshaltung, die oftmals die Freude eines Kaufes übersteigt. Fröhnen Sie den Nicht-Konsum.

4. Fokussieren Sie sich auf das Glücksgefühl des Tuns, nicht des Besitzens. Sie sollten lernen und verstehen, dass das Haben und Besitzen von Dingen nicht garantiert glücklich macht. Die Dinge, die Sie glücklich machen, sind die Beziehungen, die Sie mit anderen aufbauen. Einige der

Aktivitäten, die Sie wirklich glücklich machen können, sind zum Beispiel Gespräche mit Freunden, das Gehen und Lachen mit Ihren Lieben, Joggen, Singen, eine neue Sportart, ein neues Hobby, die Beschäftigung mit etwas, das Sie mit Spaß, Freude und Genuss erfüllt. Es ist gut, sich auf die Handlungen und Aktivitäten zu konzentrieren, die Ihnen wirklich und am meisten Freude bereiten.

5. Verstehen Sie, was der Begriff "genug" bedeutet. Das ist ein Wort, das bedeutet, dass wir nicht mehr brauchen. Besonders bewegend ist das Erleben des Moments, in dem wir erkennen, dass wir diesen bestimmten Punkt erreicht haben. Viele Menschen

merken es nicht, wann sie genug haben und streben immer weiter nach mehr. Das wird dann zu einem endlosen Zyklus, in dem man immer mehr und mehr von allem sucht. Das ist der Grund, warum wir wissen müssen, wann genug genug ist, und mit dem, was wir haben, zufrieden sein können.

'Reich ist, wer weiß, dass er genug hat.'

Lao Tzu

Die Fähigkeit zu wissen, wann man genug hat, ist eine der Grundgrundlagen des Minimalismus. Hierfür ist es wichtig, dass Sie darüber nachdenken, was die wenigst wesentlichen Lebensinhalte für Sie sind und wie sie Ihr Leben strukturieren können, damit diese sichergestellt sind. Sobald sie dies wissen, lassen Sie alle unwesentlichen Dinge und Aktivitäten einfach los.

Kapitel 4: Minimalistischer Finanzhaushalt für finanzielle Freiheit

Nach diesen ersten Worten von grundlegendem Charakter folgen nun konkrete Praktiken. Sie erkennen bereits, dass es darum geht, Ihre Belastungen zu eliminieren und auf ein Mindestmaß zu reduzieren, und diese dann mit dem geringst möglichen Aufwand in Form von freude-bringenden, erfüllenden Tätigkeiten zu unterhalten. Insbesondere der finanzielle Aspekt spielt hierin eine elementare Rolle. Um Ihr Leben einfach und finanziell angenehm gestalten zu können, müssen Sie nur diese eine goldene Regel anwenden:

Geben Sie weniger aus, als Sie erhalten.

Wenig geben Sie aus, wenn Sie:

1. Es ist nur intelligentes Marketing, dass Menschen ein Hemd für 100 Euro kaufen, das sie für 10 Dollar bekommen könnten, nur weil ein bestimmtes Logo darauf gestempelt ist. Insbesondere Second-Hand-Shops bieten eine großartige Möglichkeit günstig auch qualitativ hochwertige Kleidungsstücke zu erstehen. Niemand erkennt einen Unterschied,

wenn Ihnen das Kleidungsstück passt.

2. Der nächste große Aufwand, für den wir einen Teil unseres Geldes ausgeben müssen, ist unsere Ernährung. Auch hier empfiehlt sich Qualität über Quantität. Essen Sie weniger an hochwertigen Lebensmitteln. Eine sehr optimale Form der Ernährung ist eine rohvegane OMAD-Ernährung. Diese umfasst, dass man ausschließlich sehr nährstoffreiche, lebendige Inhaltsstoffe in einem möglichst kurzen Zeitraum, idealerweise in Form von einer einzigen Mahlzeit zu sich nimmt. Die leicht verminderte Kalorienzufuhr wird durch die höhere Produktion von Human

Growth Hormones (HGH) ausgeglichen, die verstärkt in längeren Fastenzeiten freigesetzt werden, verstärkten Muskelwachstum und den Erhalt von Gesundheit und Jugendlichkeit sicherstellen. Sie können Ihre Nahrungsaufnahme um fast zwei Drittel reduzieren und von beispielsweise 250 Euro pro Monat Lebensmittelausgaben auf 100 Euro reduzieren.

Auf diese Weise haben Sie auch viel mehr Zeit für andere genussvolle Aktivitäten am Tag.

3. Einer der größten Ausgaben im Leben ist der "Traum vom Eigenheim". Wenn Sie mehr und mehr Ihre Habseligkeiten reduzieren, dann bemerken

Sie, dass Sie bedeutend weniger Raum und Platz benötigen. Wofür ein großes Haus, wenn sie alle Ihre Besitztümer in einen Schrank packen können. Wozu ein Bett, wenn Sie feststellen, dass Sie auf einer dicken Decke auf dem Boden mindestens genauso gut schlafen. Wofür unzählige Töpfe, Pfannen, Teller und Geschirrutensilien, wenn sie mit einem Messer, einem Löffel, einem Schneidebrett und einer großen Schüssel mit allem fertig werden. Nicht mal ein Kühlschrank ist wirklich notwendig bei einer rohveganen Ernährung.

Weiterhin betrachten wir oftmals nur die Wohnungskosten innerhalb unseres eigenen Landes und schauen selten über den Tellerrand hinaus. Allein mit AirBnb kann man in Ländern wie Mexiko eine gesamte Wohnung für sich ab 100 Euro pro Monat mieten. Und dies ist nur AirBnb, was bedeutet, dass Sie nach einer etwas längeren Zeit in dem Land auch in Erfahrung bringen können, wie Sie Wohnungen direkt selbst mieten können, falls Sie das möchten, was in den meisten Fällen noch günstiger ist. Flexibilität ist wichtig, alles ist möglich und ob Sie etwas tun und für gut befinden, liegt einzig an Ihrer Einstellung. (die Sie ganz einfach ändern können)

4. Kein Alkohol, kein Rauchen, kein Zucker-Eis – warum für etwas bezahlen, das überhaupt nicht gut ist und nicht zu Gesundheit, Langlebigkeit und klarem

Verstand beiträgt? Genießen Sie Ihr Leben einfach nüchtern! Es ist die beste Art zu leben.

5. Versuchen Sie sich in einen autofreien Lebenstil einzurichten, denn Autos sind enorme Kostenfaktoren. Falls dies nicht möglich ist und ein Auto für Sie notwendig ist, kaufen Sie niemals ein neues Auto. Der Wertverlust innerhalb der ersten Jahre ist viel zu extrem. Denken Sie sehr lange über all Ihre Entscheidungen nach, analysieren Sie diese so gründlich es geht und seien Sie strikt diszipliniert darin die Entscheidung zu treffen, die Ihnen den größten Nutzen zu den geringsten Kosten bietet.

6. Reisen Sie so leicht es geht. Hierbei ist zu unterscheiden, in welches Land Sie reisen. Falls es ein warmes Land ist, wie Thailand, Indonesien, Mexiko oder Australien, dann reisen Sie nur mit Handgepäck. Je leichter Sie reisen, desto freier sind Sie. Auch wenn es zu Beginn nach einer Einschränkung aussieht, sobald Sie im Land angekommen sind und sich von A über B nach C zu D bewegen wird Ihnen bewusst, wie viel einfacher und leichter es Ihnen fällt, sich aufzuraffen und herumzukommen. Schließlich ist es ja nur ein kleiner Rucksack den Sie Schultern müssen und auf geht's!

7. Nun ist es an der Zeit zu entrümpeln. Versuchen Sie für Alles, das noch einen gewissen Wert hat, Geld zu erhalten. Dies sind insbesondere Bücher, die sie zu Momox oder Rebuy einschicken können. Spenden ist eine sehr gute Wohltat, deswegen fühlen Sie sich gut, wenn Sie Ihren Kleiderschrank ausmisten. Behalten Sie nur die allerwenigsten, allerliebsten und am besten passenden Kleidungsstücke. Sobald Sie hin- und her überlegen, weg damit. Nicht auf den Boden, weg damit, in die Kleiderspende.

Alle weiteren Utensilien können sie gegebenenfalls über eBay Kleinanzeigen anbieten und vielleicht noch eine kleine Kompensation erhalten.

8. Benutzen Sie nichts, was Sie nicht auch essen würden auf Ihrer Haut. Ihre Haut ist das größte Organ und absorbiert, was Sie auf Sie auftragen. Würden Sie Ihr Duschgel essen? Rasierschaum? Deodorant? Alles unnötig und Sie stellen sehr schnell fest, wie gut und einfach, und oftmals sogar besser es sich ohne diese Produkte lebt. Verbannen Sie all diese künstlichen Chemikalien aus Ihrem Leben und wenden Sie sich, falls notwendig, natürlichen Produkten zu. Lange Haare können mit Zitronensaft gewaschen werden, kurze einfach nur mit Wasser. Falls Sie Ihren

eigenen Geruch nicht mögen, liegt das zunächst an Ihrer Ernährung. Ihr Körper sondert die Stoffe aus, die Sie in ihn hineingesteckt haben. Falls Sie auf ein Date gehen, können Sie auch ein selbst hergestelltes Duftspray aus essenziellen Ölen in Wasser gelöst in einer Sprayflasche verwenden. Benutzen Sie Scheren oder/und einen Trockenrasierer. Es gibt wirklich immer natürliche und chemiefreie Möglichkeiten.

9. Achten Sie wirklich auf jeden einzelnen Euro und Cent, jeder Euro zählt. Nicht, weil es nichts an Ihrem Reichtum ändert, ob Sie hier und da den einen Euro mehr oder weniger ausgeben, sondern

weil Sie Prinzipien haben. Sie leben ein bewusstes, selbstbestimmtes Leben nach Ihren Regeln und Prinzipien mit Vorteilen, die aufgrund Ihrer akkuraten Disziplin unerreichbar für andere erscheinen. Insbesondere über einen längeren Zeitraum, denn dieser eine Euro hier und da summiert sich und nur wenn Sie jeden einzelnen Euro in jeder Situation achten und wertschätzen, trägt dies auch auf lange Zeit sehr wesentliche Früchte.

Mit jedem Schritt Ihrer fortschreitenden Reduzierung auf das Allerwesentlichste steigt Ihr inneres Gefühl der Freiheit und Flexibilität exponentiell.

Neben den Dingen, für die es sich empfiehlt, weniger Geld auszugeben, gibt es auch Investitionen, die zwar im Moment des Kaufs etwas Geld kosten, Sie langfristig dann allerdings nachhaltig bereichern.

1. Bildung, Seminare, Studien, Bücher, persönliche Entwicklungsretreats, vielseitige Lebenserfahrungen in anderen Ländern und Kulturen.
"Je mehr Sie wissen, desto einfacher ist das Leben."

2. Dinge, die sie wirklich glücklich machen. Investieren Sie in den Bereich, von dem Sie wissen, dass dies Ihnen ein enormes Gefühl der

Erfüllung und des Glücks gibt. Dies können Ihre Vorlieben, Ihre Familie, Ihre Lieben und Freunde sein. Insbesondere hier können Sie sehr großzügig sein!

3. Sparen/Investieren Sie mindestens 10% ihres Einkommens und spenden Sie definitiv mindestens 10%. Dies sorgt dafür, dass sie gemäß der geltenden Lebensprinzipien extrem effektiv ihr Karma verbessern und sich ihre gefühlte Lebensqualität enorm steigert.

4. Investieren Sie in Möglichkeiten, die die Produktivität ihres Geschäfts enorm steigert.

Kapitel 5: Sozialer Minimalismus

Analysieren Sie auch den Wert und die Gefühle, die Ihnen Ihre sozialen Interaktionen geben. Seien Sie hier nicht allzu strikt, haben Sie Geduld mit Ihren Mitmenschen und verzeihen Sie. Weisen Sie andere höflich und respektvoll darauf hin, wenn Sie sich nicht gut behandelt fühlen. Dies fördert die Kommunikation und vertieft Ihren emotionalen Band, wenn der anderen Person auch etwas an Ihrem Miteinander liegt. Falls nicht und die andere Person reagiert für Ihr Befinden nicht angenehm, lassen Sie los. Wünschen Sie anderen nur das Allerbeste auf ihren Lebenswegen, stehen Sie selbstbewusst für Ihr Wohlbefinden und wie Sie gern behandelt werden möchten. Behandeln Sie andere immer so, wie Sie selbst behandelt werden möchten. Falls die andere Person nicht versteht und sich unangenehm Ihnen gegenüber verhält, Ignoranz ist die effektivste Form sich aus dieser für Sie nicht bereichernden Situation zu lösen. Falls dies aufgrund gewisser Verflechtungen, wie einer Beschäftigungssituation nicht einfach möglich ist, erwirken Sie eine Veränderung. Wenn Sie Ihren Fokus darauf legen, Ihre glücklichsten und angenehmsten Lebenssituationen aktiv herbeizuführen, dann bedeutet Veränderung immer Verbesserung. Ihr Leben wird besser und besser, angenehmer und angenehmer, freier und einfacher mit jedem Tag.

Kapitel 6: Minimalistisches Unternehmertum

Wir haben die Freiheit, alles zu tun was uns beliebt, auch als Beruf. So romantisch es auch sein mag Tierarzt zu sein, jeder mit diesem Beruf ist verpflichtet, Zeit für Geld, Zeit für Geld, Zeit für Geld zu tauschen. Nur wenn ein Tierarzt anwesend ist und den Dienst leistet, wird er/sie bezahlt. Dies gilt für die meisten weltweit verfügbaren Jobs im Angestellten-Verhältnis. Die meisten Menschen werden nur bezahlt, wenn sie persönlich anwesend sind. Und wirklich, es ist vollkommen okay. Dies kann für eine gewisse Zeit in Ordnung sein, allerdings gibt es auch andere Möglichkeiten und es ist empfehlenswert, diese zu prüfen und in Erwägung zu ziehen.

Es gibt passive Einkommensstrategien, mit denen man Einkommen erhält, auch wenn man nicht persönlich direkt anwesend ist. Es gibt tatsächlich eine Fülle an Möglichkeiten! Eine besonders gute Variante:

Bücher!

Ja, was Sie gerade lesen, ist eine passive einkommenserzeugende Aktivität. Ein Buch, in dessen Erstellung Sie Ihre Zeit und Expertise investieren, ist nach der Fertigstellung für jeden verfügbar, zu jeder Zeit. Sie können am Strand auf den Bahamas liegen, genüsslich frisches Kokosnusswasser schlürfen und Ihr Buch wird auf der ganzen Welt gelesen!

Natürlich, ein Buch zu schreiben, das eine attraktive und bereichernde Erfahrung für die Leserschaft ist, erfordert etwas. Dabei ist es so, wie mit jeder Fähigkeit, Sie tun es und tun es und tun es und tun es und tun es - und der Erfolg ist garantiert. Je länger und ausdauernder Sie etwas tun, desto besser werden Sie, desto mehr Erfahrung haben Sie, desto seltener und wertvoller sind Sie in der speziellen Tätigkeit und Fähigkeit. Es gibt einige Schriftsteller und selbstveröffentlichte Autoren, die ein Buch geschrieben und veröffentlicht haben. Es gibt weniger, die zehn Bücher und noch weniger, die einhundert Bücher veröffentlicht haben. Welcher Autor weiß mehr über das Geschäft mit der Veröffentlichung von Büchern?

Die Menschen, die über enorm viel Geld verfügen, haben sich spezialisiert. Sie haben sich auf eine Tätigkeit fokussiert und sie so meisterhaft praktiziert, dass es kaum andere gibt, die so gut darin sind, wie sie. Das Einkommen steigt dabei exponentiell zur Spitze hin. Die meisten Fußballspieler können nicht vom Fußball leben, es ist einfach ihr Hobby. Die top-10.000 Fußballspieler der Welt können davon leben. Die top-100 Fußballspieler sind bereits sehr vermögend, allerdings die top-3 Fußballer erhalten so viel mehr Geld aus Gehalt, Werbeverträgen und Kooperationen, wie die top-10.000 – 500 zusammen. Und das alles mit einer Tätigkeit, die ihnen

Spaß und Freude bereitet – Fußball spielen!

Dies trifft dabei auf jeden Beruf der Welt zu. Die absoluten top-Player in jedem Bereich generieren ein Vielfaches als die Meisten anderen in ihrem Bereich. Deswegen ist es wichtig, sich auf diese eine Tätigkeit zu minimalisieren, die Ihnen am meisten Spaß und Freude bereitet und sie sensationell gut zu meistern.

Hierbei ist es vorteilhaft, sich auf eine Tätigkeit zu fokussieren, die möglichst viele Vorteile kombiniert. Bücher zum Beispiel können kostenlos geschrieben und veröffentlicht werden. Bücher können von Milliarden von Menschen gelesen werden. Jeder Autor kann also Milliarden von Menschen inspirieren, wie viele kann der Tierarzt?

Aufgrund von Autoren hat es Revolutionen gegeben. Die wesentlichsten Fortschritte der Menschheitsgeschichte sind darauf zurückzuführen, dass sie niedergeschrieben wurden. Wäre die Idee des Kommunismus bekannt, wenn Karl Marx das "Kommunistische Manifest" nicht geschrieben hätte? Gäbe es den Taoismus als Weltreligion, wenn Lao Tzu nicht "Tao Te Ching" geschrieben hätte? Das Schreiben von Büchern bietet ein enormes Potenzial an exzellenten Effekten. Falls Sie allerdings nicht so sehr an dem Schreiben und Veröffentlichen von Büchern interessiert sind, gibt es viele andere Tätigkeiten, die Sie tun können, um passives Einkommen zu erhalten:

1. Das Erstellen und Anbieten von Online-Videokursen

2. Das Produzieren von YouTube-Videos
3. Das kreieren und produzieren von Shirts
4. Das kreieren und produzieren von Musik
5. Das Entwickeln einer App
6. Ein Multi-Level-Marketing-Unternehmen unterstützen
7. .....

Es gibt wirklich sehr, sehr viele Möglichkeiten! Recherchieren Sie einfach und finden Sie heraus, was Ihnen am meisten Spaß und Freude bereitet und am besten zu Ihren Fähigkeiten passt. Es könnte als Hobby beginnen, was Sie einfach nebenher tun, um zu lernen, besser zu werden und vielleicht nicht vom ersten Tag an exorbitant monetär belohnt ist. Seien Sie beharrlich! Ausdauer und Geduld sind der wahre Schlüssel des Erfolgs. Sie müssen es wahrscheinlich für viele, viele Stunden tun, oder Sie sind ein unglaubliches Genie und tun sofort von Anfang das genaue Richtige! Alles ist möglich.

Sie können lange Jahre der experimentellen Erkundung abkürzen, indem Sie in Weiterbildungskurse von Menschen investieren, die bereits erreicht haben, was Sie anstreben. Immer mehr lernen, immer weiterlernen und mit allem, was Sie lernen, wird Ihr Leben einfacher und einfacher und angenehmer. Kein Bestsellerautor, kein Weltklasse – Fußballspieler, kein Kryptowährungs-Developer wurde so geboren, alles wurde gelernt, geübt, geübt, geübt und irgendwann stellt sich der Erfolg ein. Das können Sie auch.

Heutzutage ist es dabei sehr empfehlenswert etwas zu tun, das Ihnen erlaubt, Geld online zu erhalten, weil Sie es von überall auf der Welt tun können. Wenn Sie eine bestimmte Menge an Einkommen erreicht haben, können Sie es einfach von überall auf der Welt aus tun! Und bedenken Sie, wenn Sie einen minimalistischen, klar fokussierten Lebensstil pflegen, kann das schon ab 300 Euro im Monat der Fall sein. Es gibt viele Länder der Erde, in denen Sie sehr angenehm mit 300 Euro im Monat leben können.

Ein abschließender Gedanke, der sehr grundlegend und sehr wesentlich ist, der dennoch häufig nicht bedacht wird, ist der folgende.

Er basiert auf den Erkenntnissen von Adam Smith und seinem Werk "Wealth of Nations". Dieses Buch revolutionierte die Art und Weise, wie Industrien operieren, wobei der gesamte Produktionsfluss in kleinere Teilprozesse aufgegliedert wurde, um somit die Produktivität der Produktion zu steigern. Ein wesentlicher Grundsatz lautet:

Enormer Reichtum basiert auf enormer Produktivität.

Adam Smith

Je höher die produktive Leistung einer Organisation, sei es eine Person oder ein globales Unternehmen, desto höher der Umsatz. Tun Sie mehr von dem, was Sie tun, denn je besser Sie werden, desto mehr werden Sie belohnt!

Kapitel 7: Minimalistisches Investieren für exponentiellen Wachstum

Die Wahrheit ist diese:

Alle vermögenden Menschen investieren ihr Einkommen in Vermögenswerte.

Robert Kiyosaki, Autor von „Rich Dad, Poor Dad" und einer der erfolgreichsten Finanz-Lehrer der Welt, formulierte es so:

„Das große Geheimnis des Reichtums liegt darin den eigenen Verdienst so schnell wie möglich in passives Einkommen zu verwandeln."

Robert Kiyosaki

Mit all dem Geld, das Sie jetzt dank Ihres disziplinierten, minimalistisch-fokussierten Lebensstils sparen, plus dem kontinuierlich wachsenden Fluss an Einnahmen aus Ihrer erfüllenden Tätigkeit, können Sie das Geheimnis des Reichtums laut Robert Kiyosaki in Gang setzen.

Hierbei kommen verschiedene Anlagemöglichkeiten in Betracht, unter anderem der Aktienmarkt, der Unternehmens- und Staatsanleihenmarkt oder der Kryptowährungsmarkt. In den meisten Fällen funktioniert es so:

Eine Organisation verkauft Ihnen einen prozentualen Anteil ihres Bestands. Die Organisationen tun dies, um Kapital einzusammeln und es idealerweise optimal für den Wachstum ihres Geschäfts zu nutzen, sodass Ihr Anteil in der Folge einen höheren Wert erhält.

Wie Sie nun Ihr Geld so investieren, dass es möglichst den höchsten Wertzuwachs für Sie generiert, ist das worüber sehr viele immer wieder nachgedacht haben, nachdenken und vermutlich immer nachdenken werden. Es gibt allerdings eine Besonderheit, die von nicht sehr vielen in besonderem Ausmaß beachtet wurde.

Wenn Sie in einen Anteil einer Organisation investieren, können Sie oftmals ihr Geld nur dann zurückbekommen, wenn Sie Ihre Anteile wieder verkaufen, bestenfalls mit einer Wertsteigerung. Geduld ist auch hier das Schlüsselwort, denn das Auf und Ab und die damit verbundenen unterschiedlichen Gefühle führen dazu, dass viele Menschen regelmäßig ihre Anteile verkaufen, wenn die Stimmung negativ ist und die Kurse fallen. Deshalb generiert ein sehr hoher Anteil der Investoren keinen Profit, eher im Gegenteil.

Es ist nicht leicht Kursbewegungen vorherzusagen und je kurzfristiger der Anlagehorizont, desto unvorhersehbarer ist es. Langfristig gesehen allerdings schon. Je mehr man sich mit den Vermögenswerten beschäftigt und die Mechanismen der Märkte versteht, desto fundiertere Vorhersagen kann man über den voraussichtlichen Verlauf der Preise treffen. Auf lange Sicht steigen die Kurse von wirtschaftlich und fundamental soliden Organisationen immer. Deswegen empfiehlt es sich nur in Vermögenswerte zu investieren, wenn Sie bereit sind, diese für viele Jahre, idealerweise für Immer zu halten.

Diese Haltung reduziert den Kreis an attraktiven Anlageformen. Wenn Sie nur an der Wertsteigerung partizipieren, sobald Sie Ihren

Anteil verkaufen, dies allerdings auf Jahrzehnte nicht tun, dann ist das nicht gerade optimal. Zum Glück gibt es gewisse Anlageformen, die neben der bloßen Wertsteigerung auch eine Dividende bieten. Die Dividende ist wie eine Art Zins, der an Sie als "Dankeschön" ausgeschüttet wird, dass Sie in diese Organisation investieren. Wenn Sie nun nur in Vermögenswerte investieren, die eine solche Dividende auszahlen, dann erfüllen Sie bereits Robert Kiyosakis Geheimnis des Reichtums, denn diese Dividende ist eine passive Einkommensquelle.

Haben Sie allerdings schon einmal über dieses Zitat von Albert Einstein nachgedacht und zusätzlich darüber, wie man es praktisch anwenden kann?

" Der Zinseszins ist das 8. Wunder der Welt. Wer ihn versteht, erhält ihn; wer ihn nicht versteht, zahlt ihn. "

Albert Einstein

Zinseszins bedeutet, dass Sie Zinsen auf Ihre Zinsen erhalten. Im ersten Jahr erhalten Sie Zinsen für Ihren Basisbetrag. Im zweiten Jahr erhalten Sie dann allerdings Zinsen nicht nur auf den gleichen Basisbetrag wie im ersten Jahr, sondern auf den Basisbetrag plus der Zinsen aus dem ersten Jahr. Im Fortlauf der Zeit verstärkt sich dieser Effekt exponentiell.

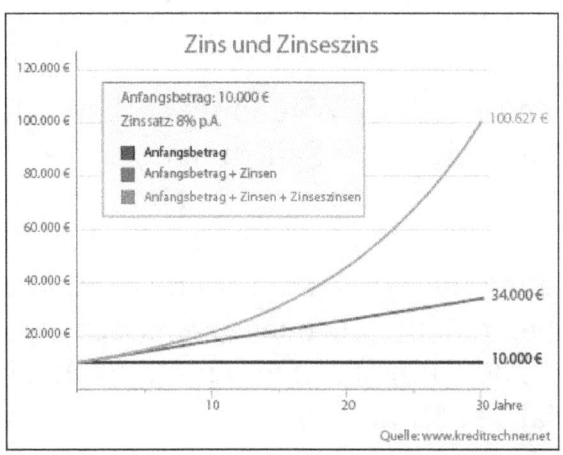

Werfen Sie einfach einen Blick auf:

https://www.zinsen-berechnen.de/sparrechner.php

und jonglieren Sie ein bisschen mit verschiedenen Zahlen herum. Wenn Sie zum Beispiel jetzt einen Basisbetrag von 10.000 Euro haben und Sie reinvestieren Ihre Zinsen bei einem jährlichen Zinssatz von 15%, dann sind Sie bereits nach 31 Jahren Millionär.

Dies lässt dabei außer Acht, ob Ihr Investment an Wert zulegt. Wenn es dies tut, dann fallen ebenso die Zinsen höher aus und Sie sind bereits viel eher Millionär.

Nun stellt sich die Frage, wie Sie diesen Effekt nutzen können.

Am Aktienmarkt zum Beispiel gibt es Unternehmen, die seit 25 Jahren jeden Monat ohne Unterbrechung Dividenden auszahlen. Diese Unternehmen werden "Dividend Aristocrates" genannt. Hier erhalten Sie Dividenden bis zu 15, maximal 20%, was allerdings bereits eine enorm seltene Ausnahme ist. Dennoch ist dies eine relativ attraktive Möglichkeit, falls der Aktienmarkt für Sie interessant ist.

Wenn Sie sich beispielsweise den Kryptowährungsmarkt ansehen, finden Sie Möglichkeiten mit Zinsen bis zu mehreren hundert Prozent pro Jahr, die sekündlich kalkuliert und ausgeschüttet werden können. Je nach Höhe der Dividende müssen unterschiedliche Anlagestrategien vorgenommen werden, sodass Sie genau prüfen müssen, ob eine Investition auch langfristig profitabel sein kann. Zum Zeitpunkt des Schreibens dieser Worte im Mai 2021 sind stabile Dividenden von 100% möglich, allerdings voraussichtlich nicht für immer. Der Kryptowährungsmarkt ist zudem sehr fluktuierend, deswegen gilt es hier mit besonders kühlem Kopf zu agieren. Wer dies tut und sich umfänglich informiert, ist in der Lage enorme Profite zu generieren. Zudem kann man sich einfach die Dividenden auszahlen lassen und sie als eine weitere passive Einnahmequelle nutzen.

Abschließende Gedanken

Werter Leser, Sie haben nun erfahren, dass Minimalismus mehr ist als das bloße Fröhnen der Einfachheit. Es ist keineswegs Verzicht, es ist ein Hinzugewinnen an Freiheit und Flexibilität. Es ist das genaue und kontinuierliche Evaluieren, was die wahren Lebensbereiche des maximal empfundenen Glücks sind, mit der Entscheidung möglichst große Teile der eigenen Aufmerksamkeit auf diese Bereiche zu konzentrieren und andere loszulassen. Weiterhin wissen Sie nun, wie Sie Ihre finanziellen Verpflichtungen minimieren können, um ein maximal freies, flexibles und selbstbestimmtes Leben zu führen. Sie wissen nun ganz genau, wie und in welchem Bereich Sie etwas unternehmen können, um in der Folge automatisch fließende Einkommensströme zu empfangen. Nun obliegt es Ihnen, Schritt für Schritt, Tag für Tag neue, einfache und für Sie passende Optimierungen vorzunehmen und in vollkommener Zufriedenheit zu leben.

Vielen Dank für Ihre Zeit und Aufmerksamkeit! Ich hoffe, dass Sie einige interessante Ideen gefunden haben und nun schrittweise anwenden. Wie Sie sehen, kleine Gesten bewirken riesige Resultate, deswegen schätze ich es enorm und auf ewig sehr wert, wenn Sie sich eine kurze Minute nehmen und Ihr ehrliches Feedback als Rezension verfassen. Dies bedeutet mir sehr viel und es kann Ihnen gewiss sein, dass Sie damit eine riesige Unterstützung für so viel Gutes sind.
DANKE!

https://amzn.to/3wwZlK7

Auch von Freiheit. JETZT!
Veröffentlicht:

Nino Anders

Wayne Dyer: Himmel auf Erden ist kein Ort - Es ist eine Entscheidung.

Gebundenes Buch: 15.99 Euro
Taschenbuch: 9.99 Euro
Kindle eBook: 3.99 Euro

Dr. Wayne Dyer war ein außergewöhnlicher Mensch. Mit seinen Lehren hat er Millionen Menschen begeistert & bereichert.

Entscheide dich anhand seiner 55 + höchsten Lebensweisheiten für das Leben des Himmels auf Erden + PLUS der 3 bewegenden Abschiedsfeier-Reden seiner Töchter Saje, Skye und Serena, die veranschaulichen, wie Wayne seine Lehren im Alltag lebte.

Amazon Seite:
http://amzn.to/2gCQoOi_

Sascha Të Light & Nino Anders:

Wayne Dyer, Elon Musk, Dalai Lama, Albert Einstein, Bruce Lee, Buddha, Khalil Gibran, Nikola Tesla, Robert Kiyosaki, Dolores Cannon, Jesus Christus und mehr teilen sich mit:

Perlen der Genies

Gebundenes Buch: 24.98 Euro
Taschenbuch: 8.99 Euro
Kindle eBook: 1.79 Euro

- Auch auf Englisch: 'Pearls of the Genius'; Italienisch: 'Perle dei Geni' & Spanisch: 'Perlas de Genios' -

Dieses Buch ist eine dynamische Kollektion an Ideen, die dein Leben umfassend bereichern. Stell dir vor, du könntest dir die höchsten Weisheiten der größten Genies der Menschheitsgeschichte schnell und einfach und kompakt aneignen und mit deiner Lebensweise zu voller Blüte bringen. Welche Lebensumstände sind möglich?

Erlebe dein Leben in Fülle Jetzt! dank deiner Lektüre dieses Buches.

"Nichts ist so stark wie eine Idee, deren Zeit gekommen ist."

Amazon Website:
https://amzn.to/38ao0LC

Sascha ZukunftsVisionär Reinhardt

The Secret: GeldMAGNET+

Geld Magnetisch Anziehen

Gebundenes Buch: 14.24 Euro

Taschenbuch: 8.99 Euro

Kindle eBook: 4.24 Euro

Du kennst bestimmt The Secret?

Großartiges Buch. Hierin stehen viele ausgezeichnete Methoden, wie das Gesetz der Anziehung in Bezug auf unser Vermögen angewendet wird. Das, worauf wir uns fokussieren, wächst.

ICH BIN ein GeldMAGNET+! DANKE! DANKE! DANKE!

Wiederholung! Wiederholung! Wiederholung! - das ist der Schlüssel! Nicht nur 1 Mal sehen, spontan begeistert sein und dann ... zurück in alte Muster? NEIN! Auf die wiederholte Anwendung kommt es an! Das, worauf wir uns wieder und wieder und wieder fokussieren, wächst. Für die schnelle Implementierung erfolgsmaximaler Gewohnheiten gibt es ein einfaches Garantiesystem.

Amazon-Website:
https://amzn.to/34akzBf

[Eng] Sascha Të Light – **Infinite MONEY** – How Quick Does It Go?

Kindle eBook: 142.99 Euro
Paperback: 224.99 Euro
Hardcover: 24.90 Euro

Thank you for your attention.

From now to Infinite MONEY in … days!

How few do you think it takes?

This book has not been written purely about Money. This book is about the freedom of humanity. There are laws which govern life - granting opulence to devotees. They are easy, plain and simple - everyone can understand and apply them.

It is time for you to prosper tremendously now.

* All remunerations of this book are being donated. The author has very much more money than enough any way

Amazon – page:
https://amzn.to/3qJI3Gv

[Eng] Sascha Të Light – **Anchor of Wealth** – Attraction Assurance Abundance

Hardcover: 22.49 Euro

The **'Anchor of Wealth'** is a massive book, the biggest way possible to produce. It has the largest dimensions [8.25' x11'] and highest page-count [550] possible on Amazon. Along with compact foundational words come predominantly white pages, ready to be filled by your inspiration and ideas to assure your sensational wealth. Every thought is energy, with the **'Anchor of Wealth'** being a collection of your brightest ideas, it becomes an enormous store of energy. You can place it in a very prominent spot of your place, to be reminded of and encouraged to further your wealth.

With your **'Anchor of Wealth'** in your place, you have your life docked in the harbour of wealth.

Amazon – Website:
https://amzn.to/3fedlCJ

Bildverweis

Adam Smith

https://commons.wikimedia.org/wiki/File:Adam_Smith.jpg

Albert Einstein

https://commons.wikimedia.org/wiki/File:Albert_Einstein_colourised_portrait.jpg

Lao Tzu

https://www.flickr.com/photos/beautifulcataya/2149939820

Robert Kiyosaki

https://commons.wikimedia.org/wiki/File:Robert_Kiyosaki_by_Gage_Skidmore.jpg

Dalai Lama

https://de.wikipedia.org/wiki/Dalai_Lama#/media/Datei:Tenzin_Gyatso_-_14th_Dalai_Lama_(2012).jpg

www.ingramcontent.com/pod-product-compliance
Lightning Source LLC
Chambersburg PA
CBHW070812220526
45466CB00002B/646